CHECKLISTEN ZUM ELEKTRONISCHEN RECHTSVERKEHR FÜR VERFAHRENSBETEILIGTE UND IHRE PROZESSVERTRETER

BEARBEITERHINWEISE ZUR FORM- UND FRISTPRÜFUNG BEI EGVP, beA, beN, beBPo UND DE-MAIL

1. AUFLAGE

STAND: 1. FEBRUAR 2018

Bibliografische Information der Deutschen Nationalbibliothek:

Die Deutsche Nationalbibliothek verzeichnet diese Publikation in der Deutschen Nationalbibliografie; detaillierte bibliografische Daten sind im Internet über http://dnb.dnb.de abrufbar.

Herstellung und Verlag:

BoD – Books on Demand, Norderstedt

ISBN: 9783746093925

INHALTSÜBERSICHT

A. Grundlagen der Prüfung

Bei elektronischen Posteingängen obliegt auch im elektronischen Rechtsverkehr die Form- und Fristprüfung dem juristischen Entscheider. Dabei gehen die prozessrechtlichen Regelungen zum elektronischen Rechtsverkehr als *lex specialis* stets den Formanforderungen für schriftliche Dokumente vor, auch wenn das Dokument im Gericht ausgedruckt und in den Geschäftsgang gegeben wird.[1]

Gem. § 130a ZPO[2] können elektronische Dokumente über das Elektronische Gerichts- und Verwaltungspostfach (EGVP) oder einen sicheren Übermittlungsweg gem. § 130a Abs. 4 ZPO bei Gericht eingereicht werden. Die Vorschrift bezieht sich nach ihrem Wortlaut explizit nicht nur auf schriftformbedürftige Dokumente, sondern auf sämtliche Einreichungen (schriftlich einzureichende Auskünfte, Aussagen, Gutachten, Übersetzungen und Erklärungen Dritter).

Während bei

- ✓ einer **Einsendung über das EGVP eine qualifizierte elektronische Signatur (qeS)** stets erforderlich ist (Abs. 3 1. Var.),
- ✓ kann bei Einreichungen aus **einem sicheren Übermittlungsweg gem. § 130a Abs. 4 ZPO auf die Anbringung einer qeS verzichtet** werden[3]; dann genügt eine *einfache Signatur* (bspw. der maschinenschriftliche Namenszug oder eine eingescannte Unterschrift). Die Nutzung eines sicheren Übermittlungswegs macht es erforderlich, dass die den Schriftsatz verantwortende Person selbst (bspw. der postulationsfähige Rechtsanwalt, nicht sein Sekretariat etc.) den Sendevorgang vornimmt.

In beide Fällen muss die Einreichung unter Nutzung eines durch die Rechtsverordnung gem. § 130a Abs. 2 Satz 2 ZPO (ERVV) zugelassenen Dateiformats erfolgen. Gem. § 2 Abs. 1 ERVV ist als Dateiformat grundsätzlich eine **kopierbare**, **druckbare** und soweit technisch möglich **durchsuchbare** (d.h. texterkannte[4]) **PDF-Datei** zugelassen. Falls eine sachgerechte bzw. qualitätserhaltende Umwandlung in PDF nicht möglich ist, kann (neben der Bild-PDF-Datei) auch eine Bilddatei im Format TIFF mitübersandt werden.

Ferner sind die Bekanntmachungen zu § 5 ERVV zu beachten, die auf dem Justizportal des Bundes und der Länder – www.justiz.de – veröffentlich werden.

---

[1] Anders noch BGH, Beschl. v. 18. März 2015 – XII ZB 424/14; Köbler AnwBl 2015, 845, 846; kritsch hierzu Müller, AnwBl 2016, 27; *Müller*, eJustice-Praxishandbuch, 3. Aufl., 2018, S. 90.

[2] In der Fassung ab 1.1.2018; entsprechendes gilt für die wortgleichen §§ 65a SGG, 55a VwGO, 52a FGO.

[3] Fraglich ist allerdings die Rechtsfolge, wenn bei einer Übermittlung aus einem sicheren Übermittlungsweg eine ungültige Signatur angebracht ist: In Erwägung zu ziehen wäre, zu differenzieren, ob (*1. Fallgruppe*) die Signatur ungültig ist, weil es an der Authentizität fehlt (bspw. weil die Gültigkeit des Zertifikats abgelaufen ist) – dann wäre dieser Mangel wohl durch den sicheren Übermittlungsweg *überwunden* und (*2. Fallgruppe*), ob die Ungültigkeit auf einer fehlenden Integrität beruht (bspw. in Folge einer Manipulation) – dann wäre jedenfalls eine entsprechende Nachfrage beim Absender erforderlich.

[4] Dies gilt jedenfalls – im Sinne einer Übergangsfrist – ab dem 1. Juli 2019, § 2 Abs. 1 Satz 3 ERVV.

Zusammenfassend ergeben sich hieraus folgende Prüfungsschemata:

zugelassene elektronische Übermittlungswege (bspw. EGVP)	sicherer Übermittlungsweg i.S.d. § 130a Abs. 4 ZPO
⬇	⬇
qeS obligatorisch; - Signatur der verantwortenden Person selbst - zugelassene Signaturarten: PDF-Inline oder detached Signatur	*qeS nicht zwingend erforderlich* **Einfache Signatur** der verantwortenden Person.
⬇	⬇
zugelassenes **Dateiformat** (grds. texterkannte PDF)	zugelassenes **Dateiformat** (grds. texterkannte PDF)
⬇	⬇
Keine zusätzlichen **Versand***voraussetzungen*	**Versand** durch die verantwortende Person selbst (bspw. einen postualtionsfähigen Rechtsanwalt)
⬇	⬇
Rechtsfolge: *Einhaltung der Voraussetzungen des § 130a ZPO*	***Rechtsfolge:*** *Einhaltung der Voraussetzungen des § 130a ZPO*

B. Elektronische Schriftsatzeinreichung über einen sicheren Übermittlungsweg

Sichere Übermittlungswege gem. § 130a Abs. 4 ZPO sind (derzeit)

- die absenderauthentifizierte[5] **De-Mail**, § 130a Abs. 4 Nr. 1 ZPO, § 4 f. De-MailG,
- das besondere elektronische Anwaltspostfach (**beA**), § 130a Abs. 4 Nr. 2 ZPO, und das besondere elektronische Notarspostfach (**beN**), § 78n BNotO,
- das besondere elektronische Behördenpostfach (**beBPo**), § 130a Abs. 4 Nr. 3 ZPO.

Das Adjektiv „sicher" bezieht sich insoweit nicht auf Fragen der IT-Sicherheit oder des Ausfallschutzes, sondern darauf, dass aufgrund entsprechender technischer Sicherungsmaßnahmen bei Nutzung eines solchen Übermittlungswegs ein sicherer Rückschluss auf die **Identität des Absenders** möglich ist. Der besondere Kommunikationskanal ersetzt also die Identifikationsfunktion der Unterschrift. Daher kann bei Nutzung sicherer Übermittlungswege auch auf die qeS verzichtet werden, die sonst die eigenhändige Unterschrift im elektronischen Rechtsverkehr ersetzt.

1. Schriftsatzeinreichung über beA, beN und beBPo

Ob das eingereichte Dokument aus einem sicheren Übermittlungsweg versandt worden ist, prüft das Gericht anhand des Transfervermerks und der Prüfprotokolle erkennen. Auf dem eingegangen Dokument selbst befindet sich kein (verlässlicher) Hinweis darauf. **Falls Sie also beabsichtigen die Formunwirksamkeit eines gegnerischen Schriftsatzes aufgrund des Übermittlungswegs zu rügen, sollten Sie sich diese Dokumente vorlegen lassen:**

---

2. Schriftsatzeinreichung über De-Mail

Ein sicherer Übermittlungsweg im Sinne des § 130a Abs. 4 Nr. 1 ZPO ist die De-Mail nur, wenn sie als sog. absenderauthentifizierte De-Mail gem. § 4 f. De-MailG versandt wurde. Die Absenderauthentifizierung erfolgt durch ein zweites Sicherungsmittel, bspw. ein mTAN-Verfahren oder das Identifikationsmerkmal des neuen Personalausweises.

Problematisch ist die Feststellung, ob es sich um eine „absenderauthentifizierte" oder um eine „einfache" De-Mail handelt. Anhand des Dokuments selbst (erst recht nicht seines Ausdrucks), ist diese Feststellung nicht möglich: Wurde die De-Mail nicht absenderauthentifiziert versandt, fällt zunächst ins Auge, dass das De-Mail – Prüfprotokoll fehlt. **Die fehlende Absenderauthentifizierung lässt sich sicher nur in der mit der per EGVP eingegangenen De-Mail – „.eml-Datei" feststellen.** Lassen Sie sich daher – wenn Sie die Formunwirksamkeit aufgrund dieses Übermittlungswegs rügen wollen – vom Gericht elektronisch (d.h. im ERV oder auf Datenträger) die „.eml"-Datei übermitteln.

Diese „.eml-Datei" lässt sich in Microsoft Outlook öffnen. Unter dem Reiter „Datei" befindet sich sodann die Schaltfläche Eigenschaften:

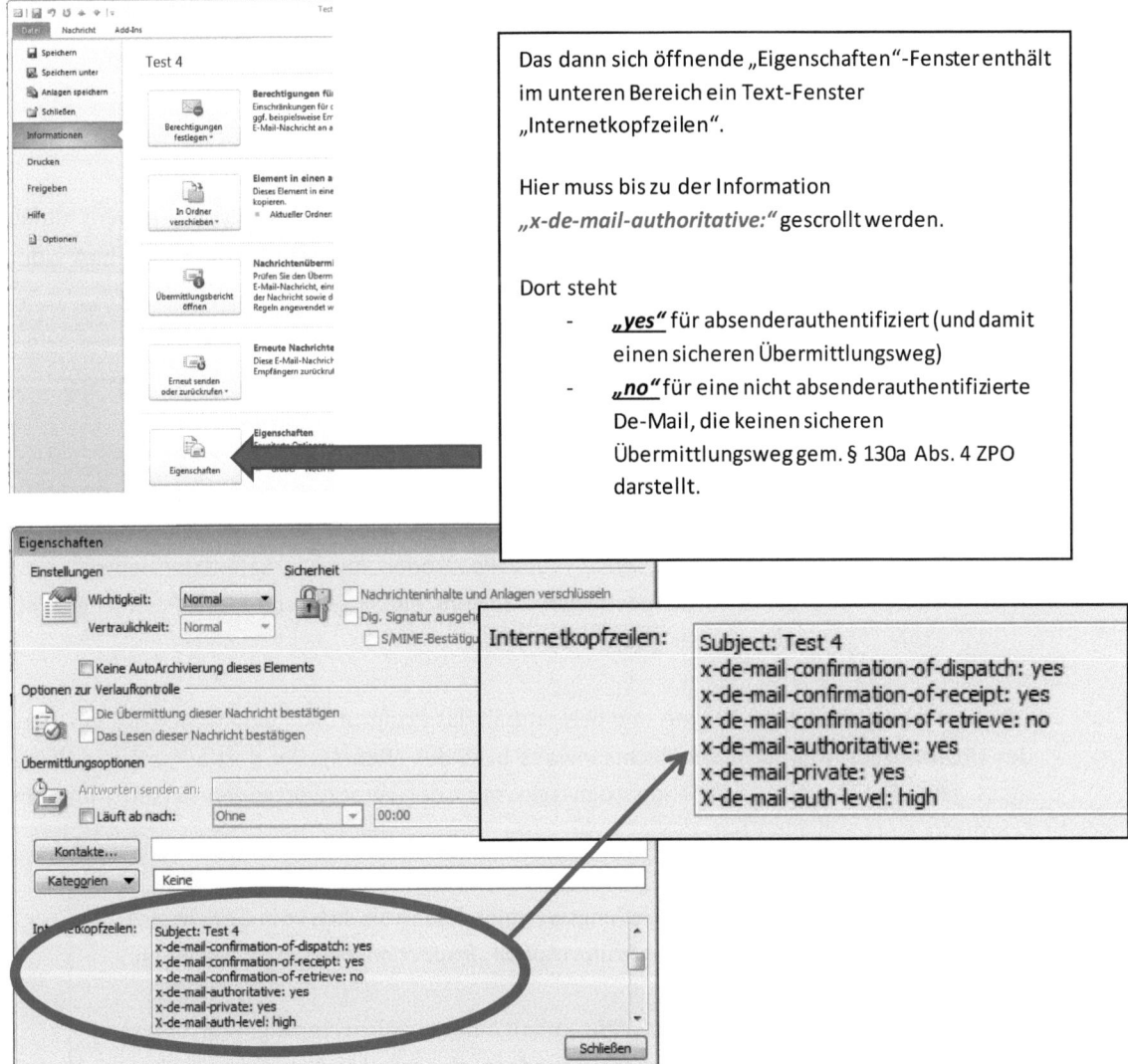

Das dann sich öffnende „Eigenschaften"-Fenster enthält im unteren Bereich ein Text-Fenster „Internetkopfzeilen".

Hier muss bis zu der Information „*x-de-mail-authoritative:*" gescrollt werden.

Dort steht

- „***yes***" für absenderauthentifiziert (und damit einen sicheren Übermittlungsweg)
- „***no***" für eine nicht absenderauthentifizierte De-Mail, die keinen sicheren Übermittlungsweg gem. § 130a Abs. 4 ZPO darstellt.

Weitere Informationen zum Versandweg im Prüfprotokoll:

Zertifikate

Zertifikat des Absenders Stefan ▓▓▓▓▓▓▓▓

```
─────Inhaber──────────────
          Organisation  BRAK
Organisationseinheit  beA
                Name  Stefan ▓▓▓▓▓▓▓
                 UID  DE.BRAK▓▓▓▓▓▓▓▓▓▓▓▓▓▓4
         Seriennummer  30000000000000114746
                Land  DE
       ─────Aussteller──────────────
          Organisation  Bundesnotarkammer
Organisationseinheit  Zertifizierungsstelle
                Name  beA OSCI CA 1:PN
                Land  DE
       ─────Allgemeines──────────
            Gültig ab  15.12.2015 11:19:25
            Gültig bis  15.12.2020 11:19:25
         Seriennummer  8283656533420038983
                      72 f5 75 ba 7b d8 5b 47
   Signaturalgorithmus  SHA512withRSA
```

Zertifikat des Empfängers Hessisches Landessozialgericht

```
─────Inhaber──────────────
          Organisation  Landessozialgericht HE
Organisationseinheit  Landessozialgericht HE
```

Die Angaben zum Zertifikat im Prüfprotokoll *„inspectionsheet.html"* geben einen weiteren Hinweis zum genutzten Übermittlungsweg und – bei Nutzung von beA oder beN – zur Person des Versenders:

- **Safe-ID:** Bei beA und beN erkennt man aus der Safe-ID den genutzten Übermittlungsweg:
  - **beA:** IDs des beA beginnen stets mit *„DE.BRAK..."*,
  - **beN:** IDs des beN beginnen steht mit *„DE.BEN_PROD..."*,
  - **De-Mail:** Die Safe-ID im Prüfprotokoll ist die des De-Mail-Gateways der Justiz.
  - **beBPo:** Behördenpostfächer sind anhand der Safe-ID nicht als solche erkennbar, sondern werden mit einer *„safe..."*, *„govello..."* oder *„justiz..."*-Safe-ID betrieben.
  - **EGVP:** Wie bei Behördenpostfächern beginnt die Safe-ID von EGVP-Postfächern mit *„safe..."*, *„govello..."* oder *„justiz..."*

- **Person des Versenders:** Bei beA und beN enthält das Prüfprotokoll den Namen des Inhabers des Übermittlungsweg (also des Rechtsanwalts bzw. des Notars). Der dort aufgeführte Name muss gem. § 130a Abs. 3 ZPO identisch sein mit *„der verantwortenden Person"*, die den Schriftsatz einfach signiert hat.

> **Wenn es Zweifel zum Übermittlungsweg gibt, lassen Sie sich vom Gericht stets den Transfervermerk und das Prüfprotokoll *„inspectionsheet.html"* vorlegen.**
>
> **Gibt es zudem Zweifel an der Wirksamkeit einer qualifizierten Signatur, lassen Sie sich zudem das Prüfprotokoll *„signed attachments.html"* vorlegen.**

C. Schriftsatzeinreichung über das Elektronische Gerichts- und Verwaltungspostfach (EGVP)

Auch weiterhin sind Einreichungen unter Nutzung des EGVP möglich. Im Gegensatz zu Einsendungen über sichere Übermittlungswege ist nach dem Wortlaut des § 130a Abs. 3 1. Var. ZPO nun für alle Eingänge, nicht nur für schriftformbedürftige Dokumente, eine qeS vorgeschrieben.

1. Grundlagen der Prüfung qualifizierter elektronischer Signaturen

Die qualifizierte elektronische Signatur ersetzt im elektronischen Rechtsverkehr die Unterschrift des Urhebers des Dokuments.

Die Prüfung der Gültigkeit der qualifizierten elektronischen Signatur erfolgt mittels eines asymmetrischen kryptografischen Verfahrens. Ein öffentlicher Schlüssel dient dabei der Prüfung eines privaten Schlüssels. Hierzu wird aus dem signierten Dokument nach einem festgelegten Algorithmus ein so genannter Hash-Wert erzeugt. Dieser Hash-Wert wird mit dem privaten Schlüssel des „Unterzeichnenden" kombiniert und hierdurch verschlüsselt. Der unverschlüsselte Text wird zusammen mit dem verschlüsselten Hash-Wert dem Empfänger übermittelt. Letzterer lässt sich mit dem öffentlichen Schlüssel öffnen. Den öffentlichen Schlüssel erhält der Empfänger von einem qualifizierten Vertrauensdiensteanbieter gem. Art. 3 Nr. 16-20 eIDAS-VO. Sodann kann der Empfänger aus dem unverschlüsselten Dokument den Hash-Wert berechnen und diesen Wert mit dem ihm übermittelten decodierten Hash-Wert vergleichen. Stimmen diese Werte überein, wurde der Text nicht nachträglich verändert. Die Signaturprüfung ist mithin nur demjenigen möglich, der über die unveränderte – vor allem nicht formatgewandelte – signierte Datei (nicht nur ihren Inhalt) und die Signatur selbst (also letztlich den Hash-Wert) verfügt.

Durch die qualifizierte Signatur werden im elektronischen Rechtsverkehr mithin zwei Funktionen erfüllt:

- **Identifizierungsfunktion:** Die qualifizierte elektronische Signatur ersetzt die Unterschrift und bestätigt damit die Authentizität der signierten Dokuments.
- **Integritätsfunktion:** Die qualifizierte elektronische Signatur lässt die nachträgliche Manipulation des signierten Dokuments erkennen und schützt dadurch seinen Inhalt.

Praktisch erfolgt die Anbringung der Signatur dadurch, dass eine Signaturkarte[6] in ein Kartenlesegerät eingeführt wird und auf dem Lesegerät eine PIN eingegeben wird; der Vorgang dauert nur wenige Sekunden. Die Anbringung der Signatur erfordert daher den Besitz der Karte und die Kenntnis der PIN, was einen Missbrauch bei sorgfältiger Behandlung durch den Inhaber fast unmöglich macht. Aufgrund ihres hochkomplexen mathematischen Aufbaus ist die Signatur ohne Besitz der Karte und Kenntnis der PIN praktisch unfälschbar – zumeist ganz im Gegensatz zur händischen Unterschrift, die sie ersetzt.
Die gesetzliche Grundlage findet die früher in § 2 Nr. 3 SigG geregelte qualifizierte elektronische Signatur in Art 3 Nr. 12 eIDAS-Verordnung über elektronische Identifizierung und Vertrauensdienste (eIDAS-VO).[7]

---

[6] Eine Chipkarte auf der ein Zertifikat eines sog. Trust-Centers aufgespielt ist, das wiederum die Identität des Zertifikatsinhabers, z.B. des Rechtsanwalts, geprüft hat (bspw. durch ein Post-Ident-Verfahren) und das nur eine bestimmte zeitliche Gültigkeit hat.
[7] Verordnung (EU) Nr. 910/2014.

2. Prüfungsschritte anhand des Transfervermerks:

Der Richter prüft den elektronischen Posteingang bei Gericht in der Praxis zunächst ausschließlich anhand des Transfervermerks. Dabei umfasst die Prüfung folgende Prüfungsschritte:

Merke:

- Ein positives Ergebnis des Transvermerks zu „qualifiziertes Zertifikat" (*„ja"*) und zu „Integrität" (*„ja"* oder *„gültig"*) ist verlässlich.
- Bei einem negativem Ergebnis (*„nein"* oder *„ungültig"*) muss anhand der Prüfprotokolle weitergeprüft werden.

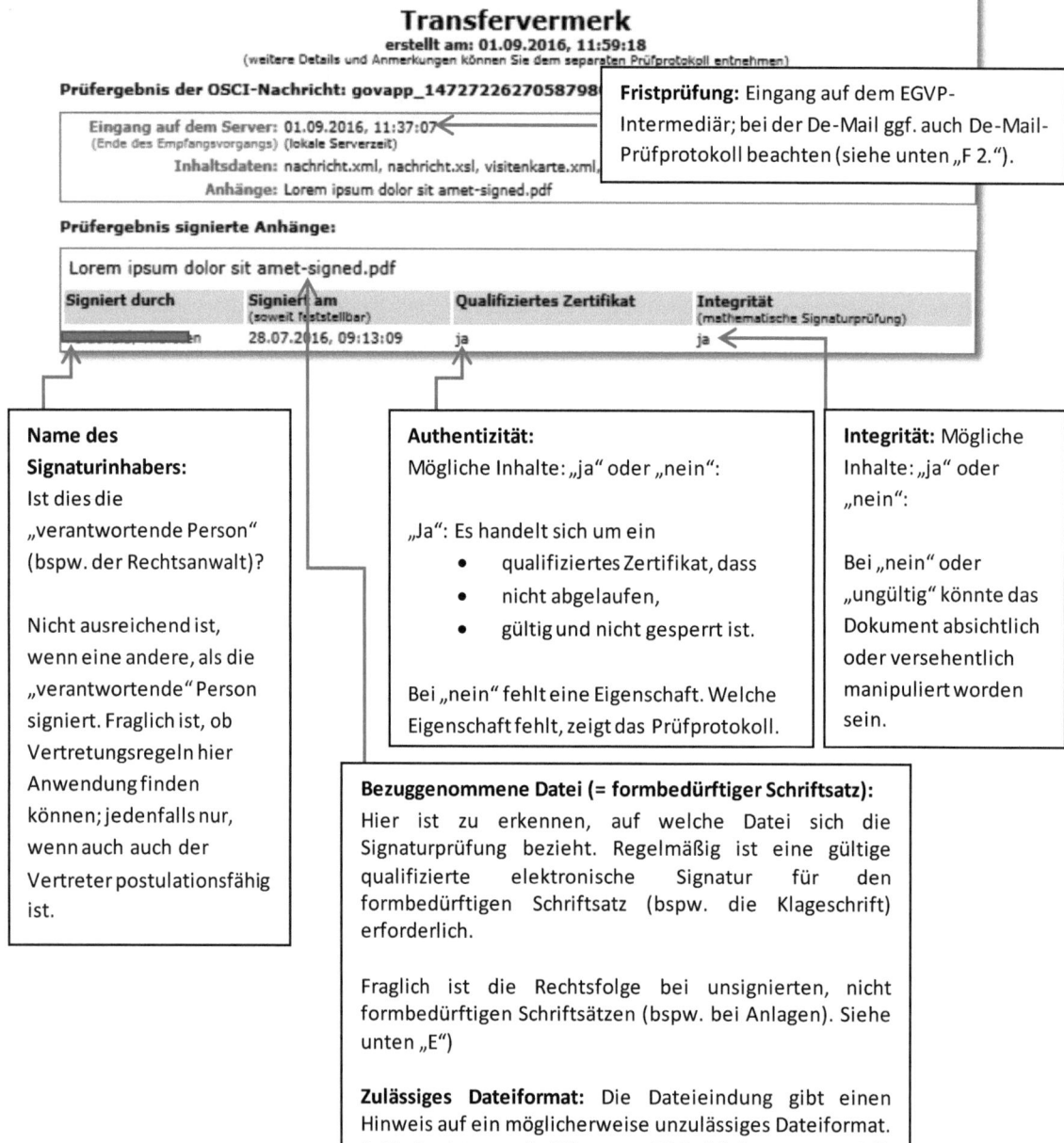

Transfervermerk
erstellt am: 01.09.2016, 11:59:18
(weitere Details und Anmerkungen können Sie dem separaten Prüfprotokoll entnehmen)

Prüfergebnis der OSCI-Nachricht: govapp_1472722627058798

Eingang auf dem Server: 01.09.2016, 11:37:07
(Ende des Empfangsvorgangs) (lokale Serverzeit)
Inhaltsdaten: nachricht.xml, nachricht.xsl, visitenkarte.xml,
Anhänge: Lorem ipsum dolor sit amet-signed.pdf

Prüfergebnis signierte Anhänge:

Lorem ipsum dolor sit amet-signed.pdf

Signiert durch	Signiert am (soweit feststellbar)	Qualifiziertes Zertifikat	Integrität (mathematische Signaturprüfung)
...en	28.07.2016, 09:13:09	ja	ja

Fristprüfung: Eingang auf dem EGVP-Intermediär; bei der De-Mail ggf. auch De-Mail-Prüfprotokoll beachten (siehe unten „F 2.").

Name des Signaturinhabers:
Ist dies die „verantwortende Person" (bspw. der Rechtsanwalt)?

Nicht ausreichend ist, wenn eine andere, als die „verantwortende" Person signiert. Fraglich ist, ob Vertretungsregeln hier Anwendung finden können; jedenfalls nur, wenn auch auch der Vertreter postulationsfähig ist.

Authentizität:
Mögliche Inhalte: „ja" oder „nein":

„Ja": Es handelt sich um ein
- qualifiziertes Zertifikat, dass
- nicht abgelaufen,
- gültig und nicht gesperrt ist.

Bei „nein" fehlt eine Eigenschaft. Welche Eigenschaft fehlt, zeigt das Prüfprotokoll.

Integrität: Mögliche Inhalte: „ja" oder „nein":

Bei „nein" oder „ungültig" könnte das Dokument absichtlich oder versehentlich manipuliert worden sein.

Bezuggenommene Datei (= formbedürftiger Schriftsatz):
Hier ist zu erkennen, auf welche Datei sich die Signaturprüfung bezieht. Regelmäßig ist eine gültige qualifizierte elektronische Signatur für den formbedürftigen Schriftsatz (bspw. die Klageschrift) erforderlich.

Fraglich ist die Rechtsfolge bei unsignierten, nicht formbedürftigen Schriftsätzen (bspw. bei Anlagen). Siehe unten „E")

Zulässiges Dateiformat: Die Dateiendung gibt einen Hinweis auf ein möglicherweise unzulässiges Dateiformat. Zulässig ist regelmäßig nur PDF (siehe unten „D"). Verlässliche Klarheit verschafft nur die Funktionsprüfung der elektronischen Datei.

3. Andere Arten von elektronischen Signaturen

Allgemein sind elektronische Signaturen Daten in elektronischer Form, die anderen elektronischen Daten beigefügt oder logisch mit ihnen verknüpft sind und die der Authentifizierung dienen.[8] Neben der für den elektronischen Rechtsverkehr so wichtigen qualifizierten elektronischen Signatur (qeS) kennt das Signaturgesetz noch weitere Arten elektronischer Signaturen.

Einfache Signatur

Die sog. einfache Signatur ist lediglich die Angabe des Urhebers oder Absenders. Sie ist in des eIDAS-VO nicht gesondert geregelt. Entsprechend Art. 3 Nr. 10 eIDAS-VO handelt es sich um *„Daten, die der Unterzeichner zum Unterzeichnen verwendet"*.

Die Einhaltung einer bestimmten Form ist hierfür nicht vorgeschrieben. Einfache Signatur kann bspw. der maschinenschriftliche Namenszug unter dem Schriftsatz sein (bspw. „gez. Müller") oder eine eingescannte Unterschrift. Von rechtlicher Relevanz ist sie vor allem im Zivilrecht beim Vertragsschluss in elektronischer Form gem. § 127 Abs. 3 BGB, für den grundsätzlich eine qualifizierte elektronische Signatur nicht erforderlich ist. Die einfache elektronische Signatur erfüllt keine besonderen Sicherheitsanforderungen, ihr liegt auch kein (technisches) digitales Signaturverfahren zugrunde. Vor allem kann sie nicht sicher einer Person zugeordnet werden, daher eignet sie sich lediglich für formfreie Verträge.

Im elektronischen Rechtsverkehr wahrt die einfache Signatur deshalb nicht die Schriftform. Für nicht schriftformbedürftige Schriftsätze ist sie freilich aber ebenfalls ausreichend.

Fortgeschrittene Signatur

Die sog. fortgeschrittene Signatur ist in Art. 3 Nr. 11 eIDAS-VO i.V.m. Art. 26 eIDAS-VO geregelt.

Die fortgeschrittene Signatur erzeugt technisch eine digitale Signatur des Dokuments. Weil sie mit einem einmaligen Signaturschlüssel produziert wird, ist sie zudem ausschließlich dem Schlüsselinhaber zuordenbar.

Den Sicherheitsgrad der qualifizierten elektronischen Signatur erreicht aber auch sie nicht; die qeS wird mit einer sicheren Signaturerstellungseinheit erzeugt (zum Beispiel mit dem Chip einer Chipkarte). Gleichzeitig wird dem Dokument zum Zeitpunkt seiner Erzeugung ein qualifiziertes Zertifikat von einem Zertifizierungsdiensteanbieter (Trust Center) ausgestellt. Mit dieser Methode wird gewährleistet, dass kein Dritter auf den persönlichen Schlüssel zugreifen kann.

Im elektronischen Rechtsverkehr wahrt die fortgeschrittene Signatur ebenfalls nicht die Schriftform. Für nicht schriftformbedürftige Schriftsätze ist sie natürlich ebenso ausreichend, wie die einfache Signatur. Zudem können fortgeschritten signierte Dokumente im Wege des Augenscheins- oder Sachverständigenbeweis evtl. als Beweisobjekt in Betracht kommen und deren Urheberschaft einer bestimmten Person zugeordnet werden.

---

[8] So früher: § 2 Nr. 1 SigG

4. Technische Varianten der qualifizierten elektronischen Signatur

Anders als eine händische Unterschrift, ist eine qualifizierte elektronische Signatur nicht zwingend sichtbar. Es handelt sich vielmehr um ein Datum oder Meta-Datum im signierten Dokument bzw. um eine eigene Datei. Nach der bisherigen Rechtsprechung der obersten Bundesgerichte waren alle Arten von elektronischen Signaturen zugelassen.[9] Ab 1. Januar 2018 gilt gem. § 4 Abs. 2 ERV-RVO, dass *mehrere elektronische Dokumente nicht mit einer gemeinsamen qualifizierten elektronischen Signatur übermittelt werden dürfen.* Damit dürfte die sog. Containersignatur nicht mehr zulässig sein. Die *enveloping Signatur* (die Signaturdatei – regelmäßig mit der Dateiendung .p7m – bettet das Dokument ein) ist gem. der Bekanntmachung zu § 5 der ERVV (Nr. 4) unzulässig.[10] **Dies ist für Einsender wichtig, die einen EGVP-Client nutzen, denn derzeit erlauben die EGVP-Clients selbst nur eine Container-Signatur. Erforderlich ist daher die Beschaffung eines externen Signaturprogramms und eines qualifizierten Signaturzertifikats (bspw. beA-Karte *Signatur*), sowie eines geeigneten Signatur-Terminals.**

Zulässige Signaturarten sind damit vor allem noch die PDF-***Inlinesignatur*** (die qeS ist Teil einer PDF-Datei) und die ***detached Signatur*** (die qeS befindet sich in einer zweiten Datei neben dem Dokument; diese zweite Datei ist regelmäßig an der Dateiendung .pkcs7 oder .p7s erkennbar). Die Art der qeS lässt sich regelmäßig am Transfervermerk erkennen (anhand der im „grauen Rahmen" befindlichen Dateien):

Container-Signatur

Bei der Container-Signatur bezieht sich die qeS auf den Nachrichtencontainer oder sonstige Container (bspw. .zip-Dateien).

Erkennung: Der graue Kasten des Transfervermerks, der die Signaturangaben umfasst, beinhaltet mehrere Dateien:

Rechtsfolge: Verstoß gegen § 4 Abs. 2 ERVV (bzw. bei .zip-Dateien auch gegen § 2 Abs. 1 ERVV).

Achtung: Nutzt der Absender (ausschließlich) nur einen marktgängigen EGVP-Client (nicht beA), kann er derzeit nur eine (unzulässige) Container-Signatur anbringen. Um eine zulässige Signaturart zu erzeugen, wird ein externes Signaturprogramm und ein entsprechendes qualifiziertes Zertifikat benötigt. Das Dokument muss hiermit vor dem Versenden mit dem EGVP-Client einzeln signiert werden. Ein ggf. zusätzlich hierzu angebrachte Container-Signatur ist unschädlich. Aufgrund des Ausfalls des beA zum Jahreswechsel 2017/2018 ist nicht unwahrscheinlich, dass viele Einsender diesen „Fehler" machen werden, weil sie – neben dem beA – kein externes Signaturprogramm beschafft haben. Insoweit ist daher eine genaue Prüfung erforderlich.

---

[9] BGH, Beschluss vom 14. 5. 2013 – VI ZB 7/13; BFH, Urteil vom 18. 10. 2006 - XI R 22/06 m. zust. Anm. Viefhues, jurisPR-ITR 2/2007, Anm. 5; a.A. Müller, NJW 2013, 3758.
[10] Die *enveloping Signatur* ist (nur) sicher erkennbar im Prüfprotokoll „*signed attachments*" → Spalte „*Signaturformat*". Dort ist sie gekennzeichnet als „*Signatur mit Dokumenteninhalt*" (die *detached Signatur* als „*Signatur ohne Dokumenteninhalt*").

PDF-Inline - Signatur

Bei der PDF-Inline - Signatur (auch *embedded* oder *enveloped* Signatur) wird die Signatur Teil des übermittelten PDF-Dokuments.

Erkennung: Der graue Kasten des Transfervermerks, der die Signaturangaben umfasst, beinhaltet eine PDF-Datei:

Rechtsfolge: Zulässige Signaturart gem. § 4 Abs. 1 ERVV.

Vorteil der Nutzung einer Inline-Signatur: Die PDF-Inline – Signatur wird Teil des signierten Dokuments. Dadurch ist sie dem Dokument **fest zugeordnet**. Unklarheiten darüber auf welches Dokument sich die Signatur bezieht, sind damit ausgeschlossen. Zudem werden technisch weniger versierte Empfänger (bspw. bei der Zustellung von Anwalt zu Anwalt) nicht durch die Übersendung einer weiteren (Signatur-)Datei mit dem wenig bekannten Dateityp *.pkcs7* **verwirrt.**

detached Signatur

Bei der detached Signatur wird eine gesonderte Signaturdatei neben dem signierten Dokument erzeugt (Dateiendung: .pkcs7 oder .p7s).

Achtung: Leicht zu verwechseln mit der unzulässigen enveloping Signatur, die die Endung .p7m führt.

Erkennung: Der graue Kasten des Transfervermerks, der die Signaturangaben umfasst, beinhaltet eine .pkcs7 oder .p7s - Datei:

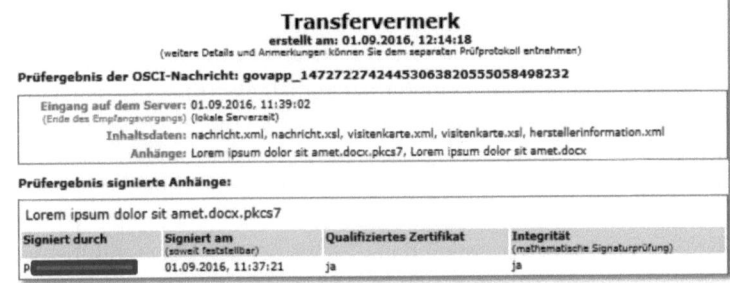

Rechtsfolge: Zulässige Signaturart gem. § 4 Abs. 1 ERVV.

Vorteil der Nutzung einer detached Signatur: Die detached Signatur eignet sich vor allem, um bereits signierte Dateien (bspw. einen elektronisch mittels Inline-Signatur signierten Kaufvertrag) nochmals – beglaubigend – zu signieren.

Nachteil der Nutzung einer detached Signatur: Die Zuordnung der Signaturdatei (.pkcs7/.p7s) zum signierten Dokument ist sicher nur mit einem Signaturprogramm überprüfbar; der Dateiname bildet nur ein manipulierbares Indiz (Signaturdatei und signierte Datei müssen nicht gleich heißen!).

5. Eigenes Signaturprüfungsrechts des Verfahrensbeteiligten

Die Prüfung der Gültigkeit der qualifizierten elektronischen Signatur erfolgt zwar regelmäßig durch das Gericht unter Einsatz einer entsprechenden Software, ggf. im eingesetzten Justizfachverfahren. Es handelt sich insoweit um eine richterliche Tätigkeit, entsprechend der bisherigen Prüfung der Unterschrift zur Wahrung der Schriftform. Für die Rechte des Prozessgegners gilt allerdings ebenfalls nichts anderes als bei der Prüfung der eigenhändigen Unterschrift. Er hat ein eigenes Recht zur Prüfung. In Anbetracht der Arbeitsbelastung der Gerichte wäre es lebensfremd anzunehmen, dass darüber hinaus eine weitere Prüfung regelhaft stattfindet – bspw., ob die eingesetzte Prüfsoftware korrekt arbeitet. In der Praxis wird das Ergebnis der Signaturprüfungssoftware nicht hinterfragt. Eine Online-Prüfung, mittels der festgestellt werden könnte, ob das Zertifikat des Erstellers gesperrt wurde (zum Beispiel nach einem Verlust der Karte), findet zudem teilweise gar nicht statt.

Schon alleine aufgrund dieser faktischen Zurückhaltung in der Prüfungstiefe und der darüber hinausgehenden Anwendungsschwierigkeiten wegen der Komplexität der Materie (vor allem im Vergleich zur simplen eigenhändigen Unterschrift), ist eindeutig, dass dem Prozessgegner die Prüfung der Gültigkeit zu ermöglichen ist. Rechtliche Grundlage dieser Frage ist das Grundrecht auf rechtliches Gehör als Ausprägung des Rechtsstaatsgebots, das gem. Art. 20 Abs. 3 GG, das durch Art. 103 Abs. 1 GG, Art. 6 Abs. 1 EMRK garantiert wird. Insbesondere ist in dieser Hinsicht zu beachten, dass ein Urteil nur auf solchen Tatsachen und Beweisergebnissen beruhen darf, von denen die Beteiligten Kenntnis erlangen konnten. Das gilt auch für Umstände, die für Zulässigkeit der Klage relevant sind, wie die wirksame Klageerhebung oder sonstige Sachurteilsvoraussetzungen; etwa die Frage, ob die Klage zuvor wirksam zurückgenommen worden oder durch Vergleich erledigt worden ist. Sofern die qualifizierte elektronische Signatur in einem derartigen Zusammenhang von Bedeutung ist, stellt sie einen Beweisgegenstand dar. Die Beweiserhebung folgt den Regeln des (parteiöffentlichen) Augenscheinsbeweises, § 371a ZPO. Mindestens in diesen Fallkonstellationen ist die alleinige Prüfung des Gerichts nicht ausreichend. Die übrigen Prozessbeteiligten haben ein eigenständiges Prüfungsrecht. Die Garantie rechtlichen Gehörs verlangt die Gewährung der Möglichkeit der eigenen Prüfung des Beweisgegenstands, vgl. nur § 357 ZPO. Ausnahme bestehen regelmäßig nur dann, wenn dies bspw. wegen besonderer Umstände oder der Beschaffenheit des Beweisgegenstands unverhältnismäßig oder unmöglich wäre.

Das Gericht hat deshalb so vorzugehen, dass die Beteiligten bestmöglich in die Lage versetzt werden, prozessuale Entscheidungen zu treffen bzw. zu der Beweisaufnahme Stellung zu nehmen. Bei der Abwägung der Beteiligteninteressen und Verhältnismäßigkeitserwägung hat das Gericht zu beachten, dass bereits die Beurteilung der Wesentlichkeit der Beweisaufnahme möglicherweise eine subjektive Komponente hat und durch die Beteiligten anders beurteilt werden könnte. Letztlich besteht die Gefahr einer einseitigen oder unvollständigen Tatsachengrundlage und damit der Einschränkung der Angriffs- oder Verteidigungsmöglichkeiten der Beteiligten. Dies wäre beispielsweise denkbar, wenn das Gericht bei der Übersendung des (signierten) Dokuments an die Beteiligten keine Auskunft über das Ergebnis der Signaturprüfung gibt, aber auch, wenn das Gericht schlicht mitteilt, dass die Signaturprüfung im Gericht positiv (oder negativ) war.

Fordern Sie daher beim Gericht

- **das** (ggf. signierte) **elektronische Dokument selbst an** (im ERV oder auf Datenträger) und prüfen Sie die Signatur selbst.

- **den Transfervermerk an**, der Auskunft über den Übermittlungsweg gibt (und damit darüber, ob eine qualifizierte elektronische Signatur notwendig war).

D. Zugelassenes Dateiformat

Gem. § 2 Abs. 1 ERVV **ist** das elektronische Dokument in

- **druckbar**er,
- **kopierbar**er und,
- soweit technisch möglich, **durchsuchbar**er Form (d.h. texterkannt),
- im Dateiformat **PDF** (Version PDF/A-1, PDF/A-2, PDF/UA) zu übermitteln. Wenn bildliche Darstellungen im Dateiformat PDF nicht verlustfrei wiedergegeben werden können, darf das elektronische Dokument zusätzlich im Dateiformat **TIFF** (Version 6) übermittelt werden. Die Dateiformate PDF und TIFF müssen den unter www.justiz.de bekanntgemachten Versionen entsprechen. Bis zum 30. Juni 2019 kann von der Texterkennung des Dokuments abgesehen werden.

Diese Voraussetzungen sind im Adobe Reader (*Menü: Datei → Eigenschaften*) überprüfbar:

Drucken / Kopieren im Reiter „Sicherheit":

Durchsuchbar („texterkannt") im Reiter „Schriften"
(in diesem Feld muss mindestens ein Eintrag sein, es darf nicht leer sein; das Ergebnis ist allerdings nicht eindeutig – es ist auch denkbar, dass bei einem nicht-durchsuchbaren Dokument Schriftarten eingebettet werden – eindeutig ist nur die Funktionsprüfung):

In Zweifelsfällen kann die Einhaltung dieser Formvoraussetzungen natürlich zusätzlich durch eine **Funktionsprüfung** überprüft werden.

Bsp. durch die „Kopiertasten-Kombinationen" (strg+a → strg+c im betreffenden Dokument und sodann strg+v in einem Texteditor)

Durchsuchbarkeit des Dokuments

Ab 1. Januar 2018 müssen bei Gericht eingereichte elektronische Dokumente gem. § 2 Abs. 1 ERVV druckbar, kopierbar und, soweit technisch möglich, durchsuchbar (für letzteres gilt eine Übergangsfrist bis 30. Juni 2019) im Dateiformat PDF übermittelt werden. Aber was ist eigentlich die "Durchsuchbarkeit" im Sinne dieser Vorschrift?

Der Begriff der Durchsuchbarkeit

Der Begriff der "Durchsuchbarkeit" bezieht sich auf darauf, dass das Dokument in texterkannter Form (OCR) einzureichen ist. Dies ergibt sich aus der Verordnungsbegründung (S. 12) und dem Zweck der Vorschrift. Der Sinn und Zweck ist ausweislich der Verordnungsbegründung, die pragmatische Idee, dass hierdurch die Weiterbearbeitung im Gericht und bei weiteren Verfahrensbeteiligten gefördert wird.

„... die Anforderungen ermöglichen das barrierefreie elektronische Vorlesen des elektronischen Dokuments für blinde und sehbehinderte Personen und erleichtern die elektronische Weiterverarbeitung durch die Gerichte, Gerichtsvollzieherinnen und Gerichtsvollzieher, Behörden, Rechtsanwältinnen und Rechtsanwälte und weiterer Verfahrensbeteiligten, denen das elektronische Dokument übermittelt wird.“

Die Verordnungsbegründung führt weiter aus: Ein eingescannter Schriftsatz kann als elektronisches Dokument übermittelt werden, wenn es mit einem Texterkennungsprogramm als OCR-Scan (Optical Character Recognition) erstellt wurde. Zudem wird – neben diesem Hinweis aus der Verordnungsbegründung – der Regelfall sein, dass der Schriftsatz mit einem Textverarbeitungsprogramm erstellt wurde, das ein Abspeichern als PDF zulässt.

Wann ist die Texterkennung "technisch nicht möglich"?

Fraglich ist, wann die Texterkennung "technisch nicht möglich" i.S.d. § 2 Abs. 1 ERVV ist. Sicher ist dies der Fall bei Dokumenten, die keinen Text enthalten (bspw. reine Bilddokumente). Aber auch andere Fälle sind denkbar; die Verordnungsbegründung führt hierzu wie folgt aus:

„[Die Texterkennung] kann jedoch technisch unmöglich sein, wenn das Ausgangsdokument etwa handschriftliche oder eingeschränkt lesbare Aufzeichnungen oder Abbildungen enthält, die mit dem Texterkennungsprogramm nicht erfasst werden können. Diese elektronischen Dokumente müssen nicht in durchsuchbarer Form übermittelt werden.“

Danach ist eine Texterkennung technisch bereits dann nicht möglich, wenn sie nicht zielführend ist, weil der "erkannte" Text ohnehin nicht zu gebrauchen wäre. Es stellt sich daraus aber weiter die Frage, wie schnell der Einsender "aufgeben" darf? Muss er eine Texterkennung bspw. bei einem Telefax überhaupt versuchen? Oder darf er nur bei handschriftlichen oder völlig unleserlichen Texte von vornherein weitere Bemühungen einstellen? Dass eine Texterkennung schon dann "technisch unmöglich" ist, wenn der Einsender schlicht nicht über eine Software zur Texterkennung verfügt, dürfte nur schwer vertretbar sein. So wie, von ihm verlangt wird eine PDF-Datei erstellen zu können, wird von ihm wohl zukünftig auch die Texterkennung erwartet – hier lässt die Verordnung wohl kaum Spielraum. Die Frage ist deshalb so virulent, weil sie – je nach vertretender Rechtsauffassung zur Rechtsfolge – möglicherweise über die Formwirksamkeit einer Klage oder eines Rechtsmittels entscheiden könnte. Sie betrifft möglicherweise also direkt und unmittelbar den Ausgang eines Rechtsstreits.

E. Rechtsfolgen bei Verstoß gegen § 130a ZPO

Gem. § 130a Abs. 1 Satz 1 ZPO in der bis zum 31. Dezember 2017 gültigen Fassung bezogen sich die dort definierten besonderen Anforderungen an Dateitypen oder die Notwendigkeit einer qualifizierten elektronischen Signatur nur auf Dokumente, für die **„die Schriftform vorgesehen ist"**. Dies ist vor allem also bei bestimmenden Schriftsätzen der Fall -, im Übrigen (also bspw. bei Anlagen zu Schriftsätzen, bei Sachverständigengutachten etc.) aber nicht. 130a Abs. 1 – 3 ZPO in der ab 1. Januar 2018 gültigen Fassung **verschärft diese Voraussetzungen**. Ab diesem Zeitpunkt „müssen" (explizit genannt) Anlagen, Gutachten etc. von der verantwortenden Person selbst qualifiziert elektronisch signiert werden, sofern sie nicht auf einem sicheren Übermittlungsweg eingereicht werden, und sich hinsichtlich des Dateityps an die Vorgaben der dann bundesweiten ERVV halten.

Inwieweit sich diese „strenge Gesetzeslage" auf die gerichtliche Praxis auswirkt bleibt abzuwarten. So sind durchaus Fälle denkbar, in denen Anlagen zu Schriftsätzen weder sinnvoll als PDF-Datei noch als TIFF-Datei darstellbar sind; zu denken ist hier bspw. an privatrechtliche Verträge, die als Word-Datei abgefasst und qualifiziert elektronisch signiert worden sind, in Insolvenzverfahren tabellarische Übersichten im Format .xls oder Röntgen- oder MRT-Bilder, die üblicherweise im Format DICOM (Digital Imaging and Communications in Medicine) ausgegeben und möglicherweise so auch übersandt werden sollen, um sie an einen Sachverständigen weiterzureichen. Es ist im Hinblick auf die effiziente Rechtsschutzgewährung vertretbar anzunehmen, dass dem Gesetz- bzw. Verordnungsgeber nicht daran gelegen war, ein solches, sinnvolles Vorgehen zu beschränken.

Da weder § 130a ZPO noch die ERVV über eine explizite Sanktion bei Verstößen verfügt und der Amtsermittlungsgrundsatz jedenfalls in den öffentlich-rechtlichen Gerichtsbarkeiten es im Übrigen als undenkbar erscheinen lässt, dass der juristische Entscheider einen Schriftsatz bloß deshalb ignorieren dürfte, weil er möglicherweise nicht texterkannt ist, ist nicht auszuschließen, dass die neue Rechtslage nur geringe praktische Auswirkungen hat. Es handelt sich insoweit allerdings um eine juristische Wertung, die vom Entscheider vorzunehmen ist.[11] Es spricht vieles dafür, jedenfalls das Merkmal der Durchsuchbarkeit eher als reine (sanktionslose) Ordnungsvorschrift, denn als echte Formvoraussetzung anzusehen.

Rechtsprechung hierzu fehlt freilich noch und ist sorgfältig zu beobachten!

Zusammenfassung der Rechtsfolgen bei Verstößen gegen § 130a ZPO:

- **Schriftformbedürftige Schriftsätze:** Schriftsätze, die auch nach bisherigem Recht der Schriftform bedurften, müssen grundsätzlich sämtliche Voraussetzungen des § 130a ZPO und der ERVV einhalten. Andernfalls sind diese Schriftsätze formunwirksam. Es ist vertretbar, insbesondere das Merkmal der Durchsuchbarkeit als sanktionslose Ordnungsvorschrift anzusehen.

- **Nicht formbedürftige Posteingänge** (bspw. Anlagen, Gutachten etc.): Weder § 130a ZPO noch die ERVV formulieren eine (eigene) Rechtsfolge bei Nichtbeachtung ihrer Voraussetzungen. Es ist eine juristische Wertung des Entscheiders, welche Rechtsfolge er der Nichtbeachtung beimisst. Hierbei ist insbesondere zu differenzieren, ob die Nichteinhaltung auf bloß organisatorisch-technischen Voraussetzungen beruht (bspw. zulässiges Dateiformat, Texterkennung etc.) oder, ob die Authentizität oder Integrität des Dokuments fraglich ist (bspw. wegen einer nachträglichen Manipulation).

F. Fristwahrung

Für die Wahrung einer Frist (bspw. der Klage- oder Rechtsmittelfrist) kommt es auf den Eingang des Dokuments auf dem Intermediär an. Hierbei handelt es sich um einen nicht im jeweiligen Gericht befindlichen Server.

Es kommt insbesondere nicht auf den gerichtlichen Eingangsstempel an (der freilich grundsätzlich das richtige Datum abbilden müsste), noch auf den Zeitpunkt der Signatur oder den Zeitpunkt der Erstellung des Transfervermerks (die letzten beiden Zeitpunkte könnten in die Irre führen, weil sie ebenfalls auf dem Transfervermerk abgedruckt sein können).

1. Prüfung der Fristwahrung bei EGVP, beA, beN und beBPo

Das für die Fristwahrung maßgebliche Datum lässt sich sowohl dem Transfervermerk, als auch dem Prüfprotokoll „inspectionsheet.html" entnehmen:

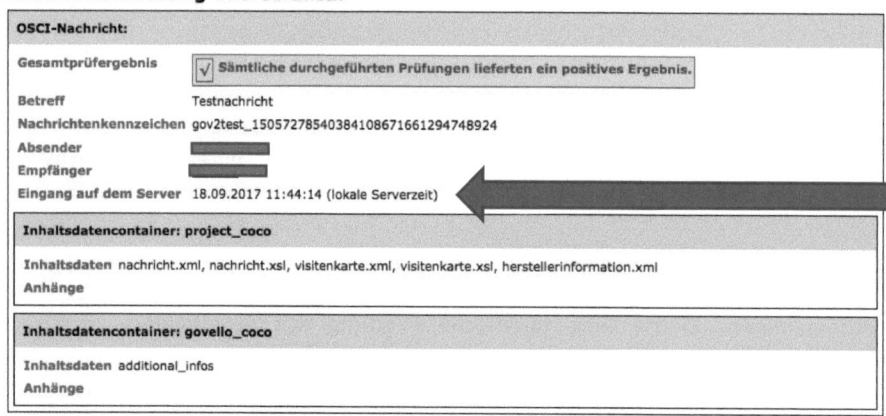

2. Prüfung der Frist bei der De-Mail

Der Empfang und der Versand von De-Mail – Nachrichten erfolgt über das EGVP-Postfach des Gerichts. Hierzu werden durch ein sog. Gateway die EGVP-Infrastruktur und die De-Mail – Infrastruktur gekoppelt. De-Mail – Nachrichten können an eine eigene Gerichtsadresse geschickt werden, die aus der safe-ID („EGVP-ID") des Gerichts gebildet wird; bspw. safe-sp1-123456789xxx11-12345670815@egvp.de-mail.de.

Im Transfervermerk EGVP-Prüfprotokoll ist erkennbar, dass die EGVP-Nachricht der Übermittelung einer De-Mail dient.

Informationen zum Übermittlungsweg
Diese Nachricht wurde vom De-Mail-Dienst versandt. Das Zertifikat des Herkunftsnachweises konnte nicht geprüft werden.

Auf dem Server des De-Mail – Dienstleisters der Justiz (Fa. Procilon) wird die Umwandlung der De-Mail in eine EGVP-Nachricht vorgenommen. Hierbei wird unter anderem ein PDF-De-Mail-Prüfprotokoll erstellt, dass der EGVP-Nachricht als Anlage beigefügt ist. Es trägt den Datei-namen De_Mail_Pruefprotokoll.pdf. Im Gegensatz zu Eingängen über EGVP, beA, beN und beBPo kommt es bei Eingängen per De-Mail zur Wahrung der Frist ausschließlich auf das De-Mail-Prüfprotokoll an – nicht das Prüfprotokoll „inspectionsheet.html":

De-Mail-Prüfprotokoll über die sichere und absenderbestätigte Anmeldung:

Der Absender der De-Mail mit dem nachfolgenden Angaben war bei Versand der Nachricht sicher im Sinne des § 4 Abs.1 S.2 des De-Mail Gesetzes angemeldet.

Die sichere Anmeldung ist bestätigt worden.

Der De-Mail-Absender hat keine Eingangsbestätigung angefordert. Ihm wurde der Eingang beim De-Mail-Dienst mit gesonderter De-Mail bestätigt.

Angaben:

De-Mail-Empfänger	⬛⬛⬛⬛⬛⬛⬛⬛⬛⬛⬛.fp-demail.com
De-Mail-Absender	sammelpostfach@procilon.fp-demail.com
Betreff	mit_absendebestaetigung_ohne_empfangsbestaetigung
Nachrichten ID der De-Mail	1895391.1509983517364151.de-mail0001@fp-demail.com
Eingang beim De-Mail Empfänger	Montag, 2017.11.06 16:51:56 +0100
automatisierte Versandbestätigung erteilt	Nein
automatisierte Eingangsbestätigung erteilt	Nein
gesonderte Eingangsbestätigung per De-Mail-Nachricht erteilt	Ja

---

Handelt es sich nicht um eine <u>absenderauthentifizierte</u> De-Mail fehlt das De-Mail – Prüfprotokoll.

3. Das elektronisches Empfangsbekenntnis (eEB)

Gem. § 174 Abs. 3, 4 ZPO bestimmt sich der Fristbeginn im elektronischen Rechtsverkehr stets nach dem elektronischen Empfangsbekenntnis (eEB).[12] Eine elektronische Zustellungsurkunde ist vom Gesetz nicht vorgesehen. § 174 Abs. 3 ZPO sieht ferner keine Zustellung mehr in EGVP-Postfächer vor, sondern nur noch in sichere Übermittlungswege.[13]

Es ist vom Zustellungsempfänger in strukturierter maschinenlesbarer Form zu übermitteln. Hierfür ist ein vom Gericht mit der Zustellung zur Verfügung gestellter strukturierter Datensatz zu nutzen. Den Aufbau dieses Datensatzes, das sog. Schema, gibt das xJustiz-Fachmodul XJustiz.EBB vor. Es ist unter www.xjustiz.de veröffentlicht.

Wie wird das eEB angefordert?

Für den Zustellungsempfänger ist die Notwendigkeit, ein eEB zurückzusenden in dem vom Gericht mitübersandten xJustiz-Datensatz („xjustiz_nachricht.xml") der elektronisch empfangenen Nachricht erkennbar. Zu jedem in dieser Nachricht enthaltenen Dokument, kann das Fachverfahren (dokumentenbezogen) ein eEB anfordern, in dem in den Meta-Daten zu dem betreffenden Dokument die Zeile

<tns:ruecksendung_EEB_erforderlich>true</tns:ruecksendung_EEB_erforderlich>

eingefügt ist (falls kein eEB angefordert wird, ist das Wort „true" durch „false" ersetzt).

Selbstverständlich muss der xJustiz-Datensatz normalerweise nicht von einem Sachbearbeiter selbst ausgelesen werden, sondern die eEB-Anforderung wird von der Software des Empfängers erkannt, bspw. von dessen beA-Client. **Händisch kontrollieren müssen Sie den Datensatz aber bei der Verwendung einer Software, die diese Erkennung nicht selbst vornimmt – bspw. einer handelsüblichen De-Mail – Adresse.**

Wie sieht das eEB aus?

Erkennt die Software des Empfängers die Anforderung eines eEB, erzeugt diese einen neuen xJustiz-Datensatz („xjustiz_nachricht.xml") mit dem Inhalt des xJustiz-Fachmoduls XJustiz.EEB. Der Aufbau dieses Schemas ist unter www.xjustiz.de veröffentlicht. Der Wortlaut des § 174 Abs. 4 Satz 5 ZPO, dass das Gericht hierfür einen strukturierten Datensatz zur Verfügung stellt, ist insoweit missverständlich; unter der „Zurverfügungstellung" ist vielmehr die Definition des zu verwendenden Schemas als xJustiz-Fachmodul zu verstehen.

Auch beim eEB verbleibt es beim sog. „voluntativen Element". D.h. die Zustellung ist bewirkt, wenn das Dokument faktisch zugegangen ist und der Empfänger einen Empfangswillen hatte.

Wann wird ein eEB angefordert?

Ab dem 1. Januar 2018 sieht das Gesetz die förmliche elektronische Zustellung gegen Empfangsbekenntnis (dann eEB) nur noch über einen sicheren Übermittlungsweg gem. § 130a Abs. 4 ZPO vor, vgl. § 174 Abs. 3 Satz 3 ZPO. In diesen Fällen wird dann stets (und zwar nur noch) ein eEB vom Gericht angefordert. Einen anderweitigen Zustellungsnachweis sieht das Gesetz nicht mehr vor.

---

[12] *Müller*, NJW 2017, 2713 ; http://ervjustiz.de/das-elektronische-empfangsbekenntnis-eeb-davor-muss-wirklich-niemand-angst-haben.

[13] Dies ist bspw. bei der Zustellung an Steuerberater und weitere Prozessvertreter, die nicht Rechtsanwälte (bspw. VdK, DGB-Rechtsschutz etc.) sind ggf. zu beachten; http://ervjustiz.de/neu-ab-1-1-2018-sichere-uebermittlungswege-unsicheres-egvp#more-261.

Der von § 130a Abs. 4 ZPO ab dem 1. Januar 2018 eingeführte Rechtsbegriff des „sicheren Übermittlungswegs" schränkt die Wege der förmlichen elektronischen Zustellung deutlich ein. Insbesondere stellt der bisherige Übermittlungsweg in ein EGVP-Postfach keinen solchen „sicheren Übermittlungsweg" dar. Dies ist damit zu erklären, dass das Adjektiv „sicher" nicht etwa die (auch bei EGVP gegebene) technische Sicherheit bspw. gegenüber Angriffen Dritter oder eine besondere Ausfallsicherheit beschreibt, sondern die bereits durch den Übertragungsweg gegebene Authentifizierung des Absenders der Nachricht. Die (versehentliche oder durch Manipulation herbeigeführte) Fehlzustellung in ein ungeprüft angelegtes EGVP-Postfach wird dadurch minimiert. Da schon der Übertragungsweg hinreichende Auskunft über die Identität des Absenders und des Nachrichtenurhebers gibt, kann bei der Nutzung eines sicheren Übermittlungswegs deshalb konsequenterweise auf die qualifizierte elektronische Signatur verzichtet werden.

Gibt es auch noch „konventionelle EBs"?
Nach dem eindeutigen Wortlaut des § 174 Abs. 4 Satz 3 i.V.m. Abs. 3 Satz 3 ZPO ist die Nutzung des eEB auf Zustellungen über „sichere Übermittlungswege" beschränkt. Die elektronische Zustellung in ein EGVP-Postfach nach bisherigem Muster, hat der Gesetzgeber nicht mehr vorgesehen. Sofern das Gericht also in elektronischer Form übermittelt, gibt es zukünftig kein „konventionelles EB" mehr, sondern nur noch eEBs aus sicheren Übermittlungswegen.

Nach der Konstruktion des Gesetzgebers sind daher „konventionelle EBs" zukünftig nur noch vorgesehen, wenn die Zustellung postalisch oder per Telefax erfolgt.

Allerdings hat der Gesetzgeber die Einhaltung der eEB-Form sanktionslos ausgestaltet. Es spricht daher vieles dafür, dass auch mit der Rücksendung eines Papier-EBs oder eines qualifiziert elektronisch signiertem EBs (das bspw. der Zustellungsempfänger vollständig frei erstellt hat oder für das er ein – *contra legem* – elektronisch mitübersandtes Formular des Gerichts nutzt) eine Zustellung wirksam bewirkt werden kann. Dies könnte auch in Zukunft eine (dann allerdings zunächst rechtswidrige) Zustellung gem. § 174 Abs. 3 ZPO in ein EGVP-Postfach ermöglichen. Schließlich würde hier (wohl) ohnehin § 189 ZPO eingreifen und die Nichteinhaltung der Form durch die Verfahrensbeteiligten heilen – sehr zum Leidwesen der Justiz, deren automatisierte Abläufe dann nicht greifen und entsprechend händisch die Daten pflegen muss.

Wer muss eEBs zurücksenden können?
Gem. § 174 Abs. 3 Satz 4 ZPO i.d.F. ab 1. Januar 2018 haben alle sog. „EB-Privilegierten" zum Zwecke der (elektronischen) Zustellung einen „sicheren Übermittlungsweg" zu eröffnen. „EB-Privilegierte" sind alle in § 174 Abs. 1 ZPO Aufgeführten, d.h. Anwälte, Notare, Gerichtsvollzieher, Steuerberater, sonstige Personen, bei denen auf Grund ihres Berufes von einer erhöhten Zuverlässigkeit ausgegangen werden kann, Behörden und Körperschaften oder Anstalten des öffentlichen Rechts.

Allerdings ist auch diese Verpflichtung vom Gesetzgeber nicht sanktionsbewehrt ausgestaltet. Letztlich schließen sich „EB-Privilegierte" ohne „sicheren Übermittlungsweg" maximal von der Nutzung des elektronischen Rechtsverkehrs aus, mit Sicherheit verlieren sie aber mindestens die Möglichkeit ein eEB zurücksenden zu können – denn dies geht tatsächlich nur über einen „sicheren Übermittlungsweg". Jedenfalls aber sollten alle professionellen Verfahrensbeteiligten bestrebt sein, schnellstmöglich den rechtmäßigen und verfahrensrechtlich vorgesehenen Zustand herzustellen und einen „sicheren Übermittlungsweg" einzurichten, schon um an den Vorteilen des elektronischen Rechtsverkehrs zu partizipieren.

Im Ergebnis bestehen nach der gesetzlichen Konstruktion für das Gericht und für die Zustellung von Anwalt zu Anwalt noch folgende Zustellungsmethoden:

Hinzu kommt die nicht mehr vom Gesetz vorgesehen Zustellung in ein EGVP-Postfach (§ 174 Abs. 3 ZPO i.d.F. bis 31. Dezember 2017) gegen ein EB. Der formelle Zustellungsmangel wird dann gem. § 189 ZPO geheilt.

„Pflicht" zur Rücksendung des EB

Die Rücksendung des Empfangsbekenntnisses gem. § 174 Abs. 1 ZPO ist von einem Willensakt abhängig (sog. voluntatives Element) und kann nicht erzwungen werden. Eine Mitwirkungspflicht besteht nur für Rechtsanwälte und ist auch hier nur standesrechtlich verankert, § 14 Satz 1 BORA.[14]

Andererseits ist die Zustellung gegen Empfangsbekenntnis gem. § 174 Abs. 1 ZPO nur eine Möglichkeit der Zustellung. Ebenso kann die Zustellung gegen Zustellungsurkunde als willensunabhängige Alternative gewählt werden oder – soweit kein Nachweisproblem besteht – der Zustellungsmangel des fehlenden Empfangsbekenntnisses gem. § 189 ZPO geheilt werden. Bei der Zustellung gegen Empfangsbekenntnis hat die Rechtsprechung sich bspw. bereits mit § 189 ZPO beholfen, wenn das zurückgesandte EB nicht unterschrieben war oder kein Datum trug.[15] § 189 ZPO kann jedoch nicht die (subjektive) Empfangsbereitschaft des Zustellungsempfängers ersetzen.[16]

Bei der Rücksendung des eEB dürfen keine weiteren Dokumente mit der gleichen Übersendung übermittelt werden.

---

[14] *Hüßtege*, in: *Thomas/Putzo*, ZPO, § 174 Rn. 3.

[15] BayVGH, Beschl. v. 1.6.2015 – 10 CS 15.613.

[16] OLG Hamm, Urteil vom 12. Januar 2010 – 4 U 193/09; a.A. BayLSG Beschluss vom 17. Februar 2017 – L 16 AS 859/16 B ER.

G. „Wiedereinsetzung" bei Nichtbearbeitbarkeit gem. § 130a Abs. 6 ZPO

Gem. § 130a Abs. 2 ZPO muss das elektronische Dokument muss für die Bearbeitung durch das Gericht geeignet sein. Diese Voraussetzung ist bei PDF-Dateien grundsätzlich gegeben. Jedoch könnte die so übersandte Datei aus anderen Gründen (Virenbefall, technische Defekte etc.) nicht zu öffnen sein.

Für diesen Fall trifft § 130a Abs. 6 ZPO eine Regelung, die den allgemeinen Vorschriften über die Wiedereinsetzung in den vorigen Stand vorgeht: Ist ein elektronisches Dokument für das Gericht **zur Bearbeitung nicht geeignet**, ist dies dem Absender unter Hinweis auf die Unwirksamkeit des Eingangs und auf die geltenden technischen Rahmenbedingungen **unverzüglich mitzuteilen**. Das Dokument gilt als zum Zeitpunkt der früheren Einreichung eingegangen, sofern der Absender es unverzüglich in einer für das Gericht zur Bearbeitung **geeigneten Form nachreicht und glaubhaft macht**, dass es mit dem zuerst eingereichten Dokument inhaltlich übereinstimmt. Aus der Vorschrift folgt, dass die unverzügliche Möglichkeit der nochmaligen Einreichung regelmäßig erst dann erforderlich ist, wenn das Gericht einen Hinweis auf die Nichtbearbeitbarkeit gegeben hat. Unverzüglich meint dabei „ohne schuldhaftes Zögern", wobei für die gerichtliche Seite anerkannt ist, dass eine Hinweispflicht nur „während der üblichen Geschäftszeiten" besteht.

Wann ist das Dokument nicht zur Bearbeitung geeignet?

Sicher nicht "zur Bearbeitung geeignet" sind Dokumente, die sich bspw. aufgrund eines korrupten Dateiformats oder infolge einer Virenverseuchung durch das Gericht nicht öffnen lassen. Diese Dokumente können dem juristischen Bearbeiter des Verfahrens nicht vorgelegt und daher auch nicht unter rechtlichen Gesichtspunkten geprüft und bewertet werden. Insbesondere fallen derartige Probleme des übermittelten Dokuments bereits in der Posteingangsstelle des Gerichts auf, ohne dass hierfür ein besonderer technischer oder vor allem auch rechtlicher Sachverstand erforderlich wäre.

Etwas anderes gilt für Dokumente, die schlicht in einer Form übermittelt werden, die nicht der ERVV entspricht, bspw. als .doc-Dokument, mit einer Container-Signatur, gänzlich ohne qualifizierte elektronische Signatur, aber nicht auf einem sicheren Übermittlungsweg oder – ab 1. Juli 2019 – in nicht texterkannter Form. In diesen Fällen ist die Rechtsfolge der nicht ERVV-konformen Übermittlung durch den juristischen Bearbeiter des Falls festzustellen und in seiner Entscheidung zu berücksichtigen. Insbesondere kommt in Betracht, dass hierdurch die Schriftform einer Einreichung nicht gewahrt sein könnte und daher die Klage, der Antrag oder ein Rechtsmittel unzulässig sein könnten. Zudem wird man für Anlagen von Schriftsätzen – obschon in Abs. 1 ausdrücklich genannt- eine entsprechende Rechtsfolge kaum konstruieren können. Die Überlegung, dass die Rechtsfolgenbeurteilung eine – eventuell nicht einmal triviale – juristische Entscheidung sein dürfte, spricht dagegen, dass die bloße Nichtbeachtung der ERVV-Formalien bereits das Verfahren des § 130a Abs. 2 Satz 1, Abs. 6 ZPO auslösen. Denn dies würde zur Folge haben, dass die Rechtsfolgenwürdigung "unverzüglich" zu erfolgen hätte und eine möglicherweise erst später entdeckte Unzulässigkeit auf den entsprechende Hinweis des Gerichts nahezu zu jedem denkbaren Verfahrenszeitpunkt – evtl. nach Jahren – noch gem. Abs. 6 heilbar wäre.

Richtigerweise wird man daher wohl zu differenzieren haben: § 130a Abs. 2 Satz 1, Abs. 6 ZPO meint lediglich die offensichtliche und vollständige Nichtbearbeitbarkeit des Dokuments durch das Gerichts, insbesondere also den **Virenbefall**, eine **defekte Datei** oder ein **exotisches Dateiformat**, für welches (auch) nach den Grundsätzen des fairen Verfahrens kein Viewer bereitgehalten werden muss. In diesen Fällen hat das Gericht unverzüglich einen Hinweis auf die Nichtbearbeitbarkeit unter Verweis auf die geltenden Rahmenbedingungen zu geben. Abseits dieser offensichtlichen Fälle, gelten dagegen nur die allgemeinen Hinweis- und Hinwirkungspflichten des Gerichts. Das besondere Verfahren des Abs. 6 ist in diesen Fällen nicht anwendbar.

Beachten Sie, dass es insoweit noch an einer Rechtsprechung noch fehlt. Die anwaltliche Sorgfalt gebietet daher – wo möglich – nach den Regeln der ERVV einzureichen.

H. Besonderheiten des elektronischen Schutzschriftenregisters (ZSSR)

Schutzschriften sind vorbeugende Verteidigungsschriftsätze gegen erwartete Anträge auf Arrest oder einstweilige Verfügungen. Weder Anträge, Gegenanträge noch Verteidigungsschriftsätze nach Einreichung eines Antrags sind Schutzschriften. Durch die Einreichung einer Schutzschrift wird versucht, sowohl die Annahme der besonderen Dringlichkeit als auch die Glaubhaftmachung von Verfügungsanspruch und Verfügungsgrund zu entkräften, jedenfalls eine mündliche Verhandlung zu erreichen. Die Gerichte haben eine eingereichte Schutzschrift nach Art. 103 GG zu berücksichtigen, sind aber selbstverständlich nicht an sie gebunden. [17]

Nach dem bisherigen Rechtsstand konnte eine Schutzschrift bei allen (möglicherweise zuständigen) Gerichten eingereicht werden. Insbesondere bei fliegenden Gerichtsständen in wettbewerbs-rechtlichen oder presserechtlichen Streitigkeiten ergab sich die Schwierigkeit, dass sie faktisch bei allen Gerichten eingereicht werden musste, um sicher wirksam zu sein. Der Aufwand sowohl für die Prozessbeteiligten als auch für die Justiz war enorm.

Für die Verfahren des einstweiligen Rechtsschutzes vor den ordentlichen Gerichten außer den Familiengerichten und vor den Arbeitsgerichten ermöglicht § 945a Abs. 1 Satz 1 ZPO nunmehr, die Schutzschrift elektronisch beim zentralen Schutzschriftenregister einzureichen, das die Landesjustizverwaltung Hessen für alle Bundesländer unter https://schutzschriftenregister.hessen.de führt. Die Einreichung wirkt nach Abs. 2 Satz 1 wie eine Einreichung in Papierform bei allen Gerichten der Länder der ordentlichen Gerichtsbarkeit und der Arbeitsgerichtsbarkeit. Für die Fachgerichte im Übrigen gilt die Regelung nicht.

Rechtsanwälte sind allerdings ab 1. Januar 2017 nach § 49c BRAO berufsrechtlich zur Benutzung verpflichtet. [18] Da es sich nur um eine berufsrechtliche Pflicht handelt, sind in Papierform bei den Gerichten eingereichte anwaltliche Schutzschriften bis zur Einführung einer bindenden Pflicht zur elektronischen Einreichung ab spätestens 1.1.2022 nicht unwirksam. [19] Nach § 2 Abs. 1 Satz 1 SRV ist zur Einreichung einer Schutzschrift beim Schutzschriftenregister jeder berechtigt, der eine Schutzschrift einreichen kann. Anwaltszwang besteht nicht, auch natürliche oder juristische Personen können eine solche Schutzschrift einreichen. [20]

Ein Abruf aus dem Register ist nur Gerichten in einem automatisierten Verfahren möglich, wobei die Abrufe protokolliert werden, § 945a Abs. 3 ZPO. Der Einsteller oder auch Dritte (bspw. der potentielle Antragsteller im einstweiligen Rechtsschutz) können das Register nicht einsehen. Wenn ein Gericht eine Schutzschrift bei einem Abruf als einschlägig kennzeichnet, erhält der Absender aber drei Monate nach Abruf eine Mitteilung über das abrufende Gericht und das Aktenzeichen.

Es gibt zwei Möglichkeiten für die Einreichung zum ZSSR:

Einreichung über EGVP oder sicherem Übermittlungsweg

Die Einreichung erfolgt durch Übermittlung eines elektronischen Schriftsatzes gem. § 130a ZPO, der in einem strukturierten Datensatz (im xJustiz-Format mit dem Dateinamen „xjustiz_nachricht.xml" in der Version 2.1, Fachmodul ZSSR) mindestens die Bezeichnung der Parteien und die bestimmte Angabe des Gegenstandes enthalten muss und dem Anlagen beigefügt werden können, § 2 Abs. 1 Satz 2 SRV. Die Schutzschrift muss entweder qualifiziert elektronisch signiert sein oder von der verantwortenden Person auf einem sicheren Übermittlungsweg (bspw. beA) mit einer einfachen elektronischen Signatur übermittelt

---

[17] BT-Drs. 17/12634, 35. Zur Schutzschrift vgl. *Hilgard*, Die Schutzschrift im Wettbewerbsrecht, 1985; *May*, Die Schutzschrift im Arrest- und einstweiligen Verfügungsverfahren, 1983; *Wehlau/Kalbfus*, Die Schutzschrift, 2015; MüKoZPO/*Drescher* ZPO § 945a Rn. 3.

[18] MüKoZPO/*Drescher* ZPO § 945a Rn. 5; *Zöller/Vollkommer* Rn. 2; *Bacher* MDR 2015, 1329 (1330); *Walker* FS *Schilken*, 2015, 815 (819); *Schlingloff* WRP, 2016, 301 (302).

[19] MüKoZPO/*Drescher* ZPO § 945a Rn. 5; *Zöller/Vollkommer* Rn. 2; *Bacher* MDR 2015, 1329 (1330); *Walker* FS *Schilken*, 2015, 815 (820); *Schlingloff* WRP, 2016, 301 (302).

[20] MüKoZPO/*Drescher* ZPO § 945a Rn. 5.

werden, § 2 Abs. 5 SRV. Insoweit bleibt es also bei den allgemeinen Regelungen für formbedürftige Schriftsätze

Als Dateiformate für die Anlagen sind zugelassen:
- **PDF** oder PDF/A (Dateiendung .pdf),
- Rich Text Format (Dateiendung .rtf),
- MS Word – Dokumente ohne Makros (Dateiendung .doc oder .docx),
- XML (Dateiendung .xml).

An den Dokumenten darf kein Dokumentenschutz angebracht sein.

Da mit der Einstellung nach der Fiktion von § 945a Abs. 2 Satz 1 ZPO die Schutzschrift als bei allen ordentlichen Gerichten der Länder eingereicht gilt, ist die Angabe von Gerichten auf der Schutzschrift und die Einreichung mehrerer Schutzschriften nicht erforderlich. Der Einsteller erhält eine Bestätigung über den Zeitpunkt der Einstellung, § 3 Abs. 4 SRV.

Im Gegensatz zur Schriftsatzeinreichung in laufenden gerichtlichen Verfahren, lässt das Zentrale Schutzschriftenregister (noch) die Container-Signatur zu. § 945a ZPO wird nicht von § 1 ERVV erfasst.

2. Einreichung über ein Online-Formular

Unter der Adresse https://www.zssr.justiz.de/ steht ein Online-Formular zur Verfügung, mittels dessen alle notwendigen Daten übermittelt und die nach der Schutzschriftenregisterverordnung erforderlichen Dateien automatisch und im Hintergrund erzeugt und übersandt werden. Die Rückantwort einschließlich des vergebenen Aktenzeichens erfolgt dann stets postalisch.

Bei der Einreichung von Schutzschriften über das Online-Formular muss die Schutzschrift mit einem externen Signaturprogramm von der verantwortenden Person **qualifiziert elektronisch signiert** werden. Das Online-Formular selbst verfügt über keine Signaturfunktion – die Beschaffung eines entsprechenden Programms, eines qualifizierten Zertifikats und eines Signatur-Terminals ist daher zwingend. Die zugelassenen Dateiformate entsprechen denen bei elektronischer Einreichung.

Zugelassenes Dateiformat

(.pdf, .rtf, .doc, .docx, .xml)

Kein Dokumentenschutz.

qualifizierte elektronische Signatur

(bei Einreichung über EGVP, Online-Formular oder beA/beN/De-Mail, wenn Versand nicht durch die veranwortende Person selbst erfolgt)

Nutzung eines sicheren Übermittlungswegs

(beA, beN, beBPo, De-Mail) durch die verantwortende Person selbst.

I. (Online-) Mahnverfahren

Gem. § 702 Abs. 2 ZPO können Anträge und Erklärungen im Mahnverfahren in einer nur maschinell lesbaren Form übermittelt werden. Werden Anträge und Erklärungen, für die maschinell bearbeitbare Formulare nach § 703c Absatz 1 Satz 2 Nummer 1 eingeführt sind, von einem Rechtsanwalt oder einer registrierten Person nach § 10 Absatz 1 Satz 1 Nummer 1 des Rechtsdienstleistungsgesetzes übermittelt, ist nur diese Form der Übermittlung zulässig; hiervon ausgenommen ist der Widerspruch. Der handschriftlichen Unterzeichnung bedarf es nicht, wenn in anderer Weise gewährleistet ist, dass die Anträge oder Erklärungen nicht ohne den Willen des Antragstellers oder Erklärenden übermittelt werden.

Antragsdaten mit einzelnen Anträgen können über die EDA-Download-Funktion mit dem online-Mahnantrag erzeugt werden. Eine Offline-Erzeugung von Antragsdaten ist über eine Fach- oder Branchensoftware möglich, die entsprechend installiert und eingerichtet werden muss. Für die Erzeugung von Anträgen über eine Fachsoftware wird zwingend eine Kennziffer und eine EDA-ID benötigt. Diese erteilt das Mahngericht auf Antrag:

www.mahngerichte.de/verfahrenshilfen/keziant.htm.

Eine solche Software bietet in der Regel auch die Möglichkeit, Folgeanträge im Verfahren zu stellen und Verfahrensnachrichten vom Gericht zu empfangen (elektronischer Datenaustausch).[21]

Die ERVV mit ihren Formvorschriften gilt für das Online-Mahnverfahren nicht. § 1 ERVV verweist auf § 130a ZPO, der auf das automatisierte Mahnverfahren nicht anwendbar ist. §§ 690, 702 ZPO ist insoweit die speziellere Vorschrift. Dies ergibt sich auch aus § 1 Abs. 2 ERVV, nach dem besondere bundesrechtliche Vorschriften über die Übermittlung elektronischer Dokumente und strukturierter maschinenlesbarer Datensätze unberührt bleiben.[22]

Die ERVV gilt im Mahnverfahren nicht. Daher ist insbesondere auch die sonst unzulässige Container-Signatur im Mahnverfahren weiter zulässig.

Hierdurch ist die Nutzung der bisherigen EGVP-Clients für das Mahnverfahren geeignet, denn diese Clients besitzen bereits eine Funktionalität zur Anbringung einer Container-Signatur.

---

[21] Die aktuellen EDA-Konditionen sind zu beachten:
www.mahngerichte.de/publikationen/edakonditionen.htm.
[22] Vgl. auch BRat-DS 645/17 v. 20.09.2017 S. 10 unten.

J. Pflicht zur Eröffnung sicherer Übermittlungswege / passive Nutzungspflicht

Der vorläufige Ausfall des beA 2017/2018 führt zu der Frage, ob für Rechtsanwältinnen und Rechtsanwälte eine Pflicht besteht, sich um einen anderen sicheren Übermittlungsweg – letztlich eine Ausfallreserve – zu bemühen.

Der standesrechtlichen "passiven Nutzungspflicht" gem. § 31a Abs. 6 BRAO genügt der Rechtsanwalt jedenfalls, wenn er alles Erforderliche veranlasst hat, um sein beA in Betrieb nehmen zu können; steht das System nicht zur Verfügung, hat er es auch nicht (passiv) zu nutzen:

„(6) Der Inhaber des besonderen elektronischen Anwaltspostfachs ist verpflichtet, die für dessen Nutzung erforderlichen technischen Einrichtungen vorzuhalten sowie Zustellungen und den Zugang von Mitteilungen über das besondere elektronische Anwaltspostfach zur Kenntnis zu nehmen."

Schwieriger zu beurteilen ist die prozessrechtliche Frage, genauer die im Zustellungsrecht geschaffene Pflicht, einen sicheren Übermittlungsweg vorzuhalten, § 174 Abs. 3 Satz 4 ZPO. An der normativen Verpflichtung bestehen angesichts des Wortlauts des § 174 ZPO keine Zweifel:

„(3) An die in Absatz 1 Genannten kann auch ein elektronisches Dokument zugestellt werden. [...] Die in Absatz 1 Genannten haben einen sicheren Übermittlungsweg für die Zustellung elektronischer Dokumente zu eröffnen."

Im Gegensatz zu § 31a BRAO bezieht sich § 174 Abs. 3 ZPO auch gerade nicht ausschließlich auf das beA, sondern auf sämtliche sicheren Übermittlungswege gem. § 130a Abs. 4 ZPO; also auch auf die (sonst im Justizumfeld so ungeliebte, aber nunmal allgemein zugängliche) De-Mail.

Fraglich ist aber, welche Folge die Nichtbeachtung des Normbefehls des § 174 Abs. 3 Satz 4 ZPO hat. In Betracht käme, ihn lediglich als sanktionslose Ordnungsvorschrift anzusehen. Der drohende "worst case" für die betroffenen Rechtsanwälte , die ja ebenso wie der Gesetzgeber auf die Funktionsfähigkeit des beA vertraut hatten, und Hauptgrund ihrer Sorge wäre es aber, in ihm eine echte Mitwirkungspflicht im Zustellungsrecht zu sehen, deren Nichtbeachtung als **Zustellungsvereitelung** betrachtet werden könnte, mit der Folge, dass die (dann ja faktisch gar nicht mögliche) Zustellung als bewirkt anzusehen wäre. Aufgrund der Herleitung der Zustellungsvereitelung aus Treu und Glauben ist sie ebenso schwer fassbar, wie die zukünftige Rechtsprechung hierzu einschätzbar ist. Sehr naheliegend wäre diese Annahme nicht: Jedenfalls Arglist ist keinesfalls vorwerfbar. Aus Sicht des Gesetzgebers ist das Fehlen des beA planwidrig.

Es spricht daher vieles dafür, die Pflicht zur Eröffnung eines sicheren Übermittlungswegs jedenfalls gegenüber der Rechtsanwaltschaft teleologisch dahingehend zu reduzieren, dass lediglich die **Verpflichtung besteht, alles Erforderliche zu tun, um mittels beA erreichbar zu sein.** D.h. Beschaffung einer beA-Karte und eines Signaturterminals, Durchführung der Erstanmeldung – sodann regelmäßige Posteingangsprüfung.

Eine **Verpflichtung, sich auch um einen weiteren sicheren Übermittlungsweg als Ausfallreserve zu bemühen** – hier ist insbesondere an die De-Mail zu denken – besteht dagegen nicht.

K. beA und ein Kanzleiwechsel

Zu den anhängigen Verfahren führen die Gerichte Adressdatenbanken, aus denen die Justizfachverfahren bspw. auch das Rubrum für Urteile und Beschlüsse erstellen. Hier ist selbstverständlich die Kanzlei – nicht der einzelne Rechtsanwalt – mit ihrer postalischen Adresse hinterlegt. Erst dahinterliegend – gewissermaßen als Ansprechpartner oder Sachbearbeiter – und in der täglichen Bearbeitung der Akte nicht zwingend sichtbar werden die einzelnen, personenbezogenen beA-Ids geführt.

Zum einzelnen Verfahren wird dann diese beA-ID zugeordnet, wenn dem Gericht der bearbeitende Rechtsanwalt bekannt wird. Dies ist regelmäßig der Unterzeichner der Klageschrift oder der Klageerwiderung, wenn keine anderweitige Mitteilung gemacht wird.

Wechselt nun der das Verfahren bearbeitende Rechtsanwalt die Kanzlei kommt es für die weitere Zustellung über das beA darauf an, ob er das konkrete Mandant mit in sein neues Beschäftigungsverhältnis nimmt oder, ob es in der ursprünglichen Kanzlei verbleibt.

L. Kanzleiwechsler nimmt das Mandat mit

Für den Fall, dass der die Kanzlei wechselnde Rechtsanwalt das Mandat in sein neues Beschäftigungsverhältnis mitnimmt und dort das Verfahren weiterbearbeitet, stimmt weiterhin seine beA-ID, denn diese ändert sich durch den Kanzleiwechsel nicht. Es muss lediglich – wie bisher – die neue postalische Anschrift und der Name der neuen Kanzlei mitgeteilt werden, damit bei der Entscheidung das Rubrum die richtigen Bezeichnungen enthält.

2. Das Mandat bleibt in der bisherigen Kanzlei

Wenn allerdings das Mandat – was der Regelfall sein dürfte – in der bisherigen Kanzlei verbleibt, sind für das beA Besonderheiten zu beachten: Da der nun nicht mehr zuständige Rechtsanwalt seine beA-ID behält, würden Zustellungen des Gerichts nunmehr stets an ihn erfolgen, nicht mehr an den neuen zuständigen Rechtsanwalt der bisherigen Kanzlei.

Die bisher zuständige Kanzlei muss daher – in eigenem Interesse – nach dem Kanzleiwechsel des bisher zuständigen Rechtsanwalts unverzüglich <u>in jedem einzelnen Verfahren</u> den neuen Bearbeiter einschließlich seiner beA-ID anzeigen (bzw. bis 1. Januar 2018 ist natürlich möglich, dass der neue Bearbeiter kein beA nutzen möchte – dann wäre aber diese Mitteilung notwendig). Diese Mitteilung kann selbstverständlich über das beA erfolgen und muss nicht qualifiziert elektronisch signiert werden, weil es sich nicht um eine schriftformbedürftige Erklärung handelt.

Um der anwaltlichen Verschwiegenheit zu genügen, muss natürlich auch der Kanzleiwechsler Fehlzustellungen anzeigen!

Die bisher zuständige Kanzlei muss nach dem Kanzleiwechsel des bisher zuständigen Rechtsanwalts <u>unverzüglich in jedem einzelnen Verfahren</u> den neuen Bearbeiter einschließlich seiner beA-ID anzeigen.

L. Glossar

Attachment	Nachrichten-Anhang; im elektronischen Rechtsverkehr meist der jeweilige Schriftsatz sowie die übrigen angehängten Dokumente im Format .pdf. oder strukturierte Daten.
beA	Besonderes elektronisches Anwaltspostfach, § 130a Abs. 4 Nr. 2 ZPO.
beBPo	Besonderes elektronisches Behördenpostfach, § 130a Abs. 4 Nr. 3 ZPO.
De-Mail	Name eines auf E-Mail-Technik beruhenden, hiervon aber technisch getrennten Kommunikationsmittels, das einen sicheren, vertraulichen und nachweisbaren Geschäftsverkehr für jedermann im Internet sicherstellen soll. Ein sicherer Übermittlungsweg ist nur die **absenderauthentifizierte** De-Mail, § 130a Abs. 4 Nr. 1 ZPO.
eEB	Elektronisches Empfangsbekenntnis, § 174 Abs. 3, 4 ZPO; http://ervjustiz.de/das-elektronische-empfangsbekenntnis-eeb-davor-muss-wirklich-niemand-angst-haben.
EGVP	Elektronisches Gerichts- und Verwaltungspostfach, http://www.egvp.de
einfache Signatur	Der maschinenschriftliche Namenszug (bspw. „Müller") oder eine eingescannte Unterschrift.
ERVV	Verordnung über die technischen Rahmenbedingungen des elektronischen Rechtsverkehrs und über das besondere elektronische Behördenpostfach: http://www.bundesrat.de/SharedDocs/drucksachen/2017/0601-0700/645-17.pdf;jsessionid=8F2282900B19BEB5FE7BE8D14807BB7A.2_cid382?__blob=publicationFile&v=1
OCR	Texterkennung; d.h. Teile des Dokuments sind markierbar und in einen Texteditor oder Word übertragbar.
PDF	Portable Document Format; regelmäßig mit der Dateiendung .pdf.
Prüfprotokolle	Protokolle zum Nachweis der durchgeführten Zertifikats-/Signaturprüfungen.
qeS	qualifizierte elektronische Signatur, § 4 Abs. 1 ERVV.
Transfervermerk	Vermerk gem. § 298 Abs. 2. ZPO über den Dokumentenausdruck; dokumentiert, welches Ergebnis die Integritätsprüfung des Dokumentes ausweist, wen die Signaturprüfung als Inhaber der Signatur und welchen Zeitpunkt sie für die Anbringung der Signatur ausweist und gibt zusätzliche Informationen über das Eingangsdatum, die Inhaltsdaten und Anhänge sowie deren Prüfergebnisse – jeweils im Zeitpunkt des Ausdrucks.
xJustiz	Strukturierte Datensätze zum Austausch von Daten und Metadaten; http://www.xjustiz.de.
XML	Extensible Markup Language; (engl. „erweiterbare Auszeichnungssprache"), ist eine Auszeichnungssprache zur Darstellung hierarchisch strukturierter Daten in Form von Textdateien zum Austausch von Datensätzen.

Kennen Sie schon…?

<u>Das „eJustice – Praxishandbuch"</u> – 3. Auflage (2018)

Ein Rechts-Kompendium zum elektronischen Rechtsverkehr mit EGVP, beA, De-Mail und zur eAkte für Rechtsanwälte, Behörden und Gerichte

ISBN-13: 9783746082080

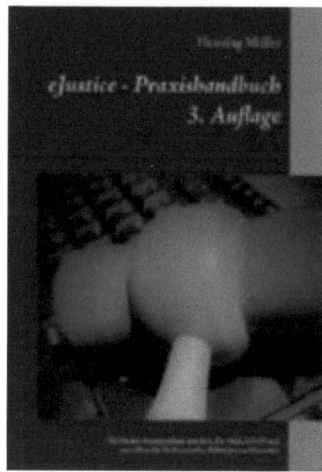

Das „eJustice – Praxishandbuch" ist aus der Praxis für die Praxis und soll Rechtsanwälte, Behörden und Gerichte auf Fallstricke im eJustice-Prozess hinweisen, praktische Beispiele, Tipps und Checklisten liefern, um die veränderte Kommunikation fehler- und haftungsfrei zu meistern und den Blick schärfen, um die Grundlagen der neuen Techniken zu verstehen – ohne dabei ein Techniker sein zu müssen -, das neue Prozessrecht zu beherrschen und die eigene Organisation hierauf anzupassen.

Grundlage hierfür sind die bereits gesammelten praktischen Erfahrungen des Autors mit dem elektronischen Rechtsverkehr via EGVP und beA, sowie mit elektronischen (Doppel-)Akten.

Es ergänzt die Booklet-Reihe „Checklisten zum elektronischen Rechtsverkehr" um weiterführende rechtliche Aspekte und ausführliche Hintergrundinformationen.

Aus dem Inhalt:

- eJustice und Prozessrecht
- Form- und Fristfragen,
- die qualifizierte elektronische Signatur,
- das elektronische Empfangsbekenntnis,
- der elektronische Rechtsverkehr im Mahnverfahren und für Schutzschriften,
- eJustice und IT-Sicherheit,
- eJustice und meine Kanzlei / die Organisation der Kanzlei,
- Organisatorische Überlegungen,
- das beA und seine Besonderheiten,
- der Ausfall des beA und die Alternativen,
- eJustice und Behörden, De-Mail, elektronische Verwaltungsakten,
- eJustice im Gericht, Mehrwerte der eAkte, richterl. Unabhängigkeit
- elektronische Zustellungen
- die Sicht des Richters auf die Akte, Changemanagement,
- Zahlreiche Checklisten zum elektronischen Rechtsverkehr,

- mit aktuellem Blog zum elektronischen Rechtsverkehr: <u>www.ervjustiz.de</u>.